Roy Publicae

Schreiben an die Präsidenten

Roy Publicae

Schreiben an die Präsidenten

der alliierten Besatzungsmächte

Dictus Publishing

Imprint

Cover image: www.ingimage.com

Publisher:
Dictus Publishing
is a trademark of
International Book Market Service Ltd., member of OmniScriptum Publishing Group
17 Meldrum Street, Beau Bassin 71504, Mauritius
Printed at: see last page
ISBN: 978-613-7-35070-6

Inhaltsverzeichnis:

I. Schreiben an die Präsidenten (deutsch) .... S. 3

II. Schreiben an die Präsidenten (amerikanisch) .... S. 5

III. Schreiben an die Präsidenten (russisch) .... S. 7

IV. Schreiben an die Präsidenten (englisch) .... S. 11

V. Schreiben an die Präsidenten (französisch) .... S. 13

VI. Schreiben an die Präsidenten (multilingual) .... S. 15

1. Schreiben an den Präsidenten der Vereinigten Staaten Donald John Trump .... S. 15

2. Schreiben an den Präsidenten Russlands Wladimir Wladimirowitsch Putin .... S. 27

3. Schreiben an den Premierminister des Vereinigten Königreichs Boris Johnson .... S. 39

4. Schreiben an den französischen Staatspräsidenten Emmanuel Macron .... S. 51

5. Schreiben an das Weiße Haus .... S. 63

6. Schreiben an den Kreml .... S. 65

7. Schreiben an 10, Downing Street .... S. 67

8. Schreiben an den Palais de l´Elysée .... S. 69

I. **Schreiben an die Präsidenten (deutsch):**

Roy Publicae

Straße Hausnummer

Postleitzahl Ortsname

DEUTSCHLAND

An den Präsidenten der Vereinigten Staaten Donald John Trump

An den Präsidenten Russlands Wladimir Wladimirowitsch Putin

An den Premierminister des Vereinigten Königreichs Boris Johnson

An den französischen Staatspräsidenten Emmanuel Macron

Juni 2020

Sehr geehrte Präsidenten,

ich bitte Sie im Namen der deutschen Völker

um die Überprüfung der Ihnen vorliegenden Unterlagen.

BITTE BEFREIEN SIE DIE DEUTSCHEN VÖLKER!

Hochachtungsvoll.

Roy Publicae

II. Schreiben an die Präsidenten (amerikanisch):

Roy Publicae

Street, house number

Zip code place name

GERMANY

To the President of the United States Donald John Trump

To the President of Russia Vladimir Vladimirovich Putin

To the Prime Minister of the United Kingdom Boris Johnson

To the French President Emmanuel Macron

June, 2020

Dear Presidents,

I ask you on behalf of the German peoples

to review the documents available to you.

PLEASE LIBERATE THE GERMAN PEOPLE!

Sincerely.

Roy Publicae

III. Schreiben an die Präsidenten (russisch):

Рой Publicae

Улица, номер дома

Почтовый индекс

ГЕРМАНИЯ

Президенту США Дональду Джону Трампу

Президенту России Владимиру Владимировичу Путину

Премьер-министру Великобритании Борису Джонсону

Президенту Франции Эммануилу Макрону

июня 2020 г.

Уважаемые президенты,

Я прошу вас от имени немецких

народов проверить документы, доступные вам.

ПОЖАЛУЙСТА, ОСВОБОДИТЕ НЕМЕЦКИХ ЛЮДЕЙ!

Искренне.

Рой Publicae

Roy Publicae

Ulitsa, nomer doma

Pochtovyy indeks

GERMANIYA

Prezidentu SSHA Donal'du Dzhonu Trampu

Prezidentu Rossii Vladimiru Vladimirovichu Putinu

Prem'yer-ministru Velikobritanii Borisu Dzhonsonu

Prezidentu Frantsii Emmanuilu Makronu

iyunya 2020 g.

Uvazhayemyye prezidenty,

YA proshu vas ot imeni nemetskikh

narodov proverit' dokumenty, dostupnyye vam.

POZHALUYSTA, OSVOBODITE NEMETSKIYE LYEDEY!

Iskrenne.

Roy Publicae

IV. Schreiben an die Präsidenten (englisch):

Roy Publicae

Street, house number

Zip code place name

GERMANY

To the President of the United States Donald John Trump

To the President of Russia Vladimir Vladimirovich Putin

To the Prime Minister of the United Kingdom Boris Johnson

To the French President Emmanuel Macron

June, 2020

Dear Presidents,

I ask you on behalf of the German peoples

to review the documents available to you.

PLEASE LIBERATE THE GERMAN PEOPLE!

Sincerely.

Roy Publicae

V. Schreiben an die Präsidenten (französisch):

Roy Publicae

Numéro de rue / maison

Nom de lieu du code postal

ALLEMAGNE

Au président des États-Unis, Donald John Trump

Au président de la Russie Vladimir Vladimirovitch Poutine

Au Premier ministre du Royaume-Uni Boris Johnson

Au président français Emmanuel Macron

juin 2020

Chers Présidents,

Je vous demande, au nom des peuples allemands,

de vérifier les documents à votre disposition.

VEUILLEZ LIBÉRER LE PEUPLE ALLEMAND!

Cordialement.

Roy Publicae

VI. Schreiben an die Präsidenten (multilingual):

1. Schreiben an den Präsidenten der Vereinigten Staaten Donald John Trump[1]:

Roy Publicae

Straße Hausnummer

Postleitzahl Ortsname

DEUTSCHLAND

An den Präsidenten der Vereinigten Staaten Donald John Trump

An den Präsidenten Russlands Wladimir Wladimirowitsch Putin

An den Premierminister des Vereinigten Königreichs Boris Johnson

An den französischen Staatspräsidenten Emmanuel Macron

[1] Per E-Mail

Juni 2020

Sehr geehrte Präsidenten,

ich bitte Sie im Namen der deutschen Völker

um die Überprüfung der Ihnen vorliegenden Unterlagen.

BITTE BEFREIEN SIE DIE DEUTSCHEN VÖLKER!

Hochachtungsvoll.

Roy Publicae

Roy Publicae

Street, house number

Zip code place name

GERMANY

To the President of the United States Donald John Trump

To the President of Russia Vladimir Vladimirovich Putin

To the Prime Minister of the United Kingdom Boris Johnson

To the French President Emmanuel Macron

June, 2020

Dear Presidents,

I ask you on behalf of the German peoples

to review the documents available to you.

PLEASE LIBERATE THE GERMAN PEOPLE!

Sincerely.

Roy Publicae

Рой Publicae

Улица, номер дома

Почтовый индекс

ГЕРМАНИЯ

Президенту США Дональду Джону Трампу

Президенту России Владимиру Владимировичу Путину

Премьер-министру Великобритании Борису Джонсону

Президенту Франции Эммануилу Макрону

июня 2020 г.

Уважаемые президенты,

Я прошу вас от имени немецких народов

проверить документы, доступные вам.

ПОЖАЛУЙСТА, ОСВОБОДИТЕ НЕМЕЦКИХ ЛЮДЕЙ!

Искренне.

Рой Publicae

Roy Publicae

Ulitsa, nomer doma

Pochtovyy indeks

GERMANIYA

Prezidentu SSHA Donal'du Dzhonu Trampu

Prezidentu Rossii Vladimiru Vladimirovichu Putinu

Prem'yer-ministru Velikobritanii Borisu Dzhonsonu

Prezidentu Frantsii Emmanuilu Makronu

iyunya 2020 g.

Uvazhayemyye prezidenty,

YA proshu vas ot imeni nemetskikh narodov

proverit' dokumenty, dostupnyye vam.

POZHALUYSTA, OSVOBODITE NEMETSKIYE LYEDEY!

Iskrenne.

Roy Publicae

Roy Publicae

Street, house number

Zip code place name

GERMANY

To the President of the United States Donald John Trump

To the President of Russia Vladimir Vladimirovich Putin

To the Prime Minister of the United Kingdom Boris Johnson

To the French President Emmanuel Macron

June, 2020

Dear Presidents,

I ask you on behalf of the German peoples

to review the documents available to you.

PLEASE LIBERATE THE GERMAN PEOPLE!

Sincerely.

Roy Publicae

Roy Publicae

Numéro de rue / maison

Nom de lieu du code postal

ALLEMAGNE

Au président des États-Unis, Donald John Trump

Au président de la Russie Vladimir Vladimirovitch Poutine

Au Premier ministre du Royaume-Uni Boris Johnson

Au président français Emmanuel Macron

juin 2020

Chers Présidents,

Je vous demande, au nom des peuples allemands,

de vérifier les documents à votre disposition.

VEUILLEZ LIBÉRER LE PEUPLE ALLEMAND!

Cordialement.

Roy Publicae

---

2. <u>Schreiben an den Präsidenten Russlands Wladimir Wladimirowitsch Putin[2]:</u>

Roy Publicae

Straße Hausnummer

Postleitzahl Ortsname

DEUTSCHLAND

An den Präsidenten der Vereinigten Staaten Donald John Trump

An den Präsidenten Russlands Wladimir Wladimirowitsch Putin

An den Premierminister des Vereinigten Königreichs Boris Johnson

An den französischen Staatspräsidenten Emmanuel Macron

---

[2] Per E-Mail

Juni 2020

Sehr geehrte Präsidenten,

ich bitte Sie im Namen der deutschen Völker

um die Überprüfung der Ihnen vorliegenden Unterlagen.

BITTE BEFREIEN SIE DIE DEUTSCHEN VÖLKER!

Hochachtungsvoll.

Roy Publicae

Roy Publicae

Street, house number

Zip code place name

GERMANY

To the President of the United States Donald John Trump

To the President of Russia Vladimir Vladimirovich Putin

To the Prime Minister of the United Kingdom Boris Johnson

To the French President Emmanuel Macron

June, 2020

Dear Presidents,

I ask you on behalf of the German peoples

to review the documents available to you.

PLEASE LIBERATE THE GERMAN PEOPLE!

Sincerely.

Roy Publicae

Рой Publicae

Улица, номер дома

Почтовый индекс

ГЕРМАНИЯ

Президенту США Дональду Джону Трампу

Президенту России Владимиру Владимировичу Путину

Премьер-министру Великобритании Борису Джонсону

Президенту Франции Эммануилу Макрону

июня 2020 г.

Уважаемые президенты,

Я прошу вас от имени немецких народов

проверить документы, доступные вам.

ПОЖАЛУЙСТА, ОСВОБОДИТЕ НЕМЕЦКИХ ЛЮДЕЙ!

Искренне.

Рой Publicae

Roy Publicae

Ulitsa, nomer doma

Pochtovyy indeks

GERMANIYA

Prezidentu SSHA Donal'du Dzhonu Trampu

Prezidentu Rossii Vladimiru Vladimirovichu Putinu

Prem'yer-ministru Velikobritanii Borisu Dzhonsonu

Prezidentu Frantsii Emmanuilu Makronu

iyunya 2020 g.

Uvazhayemyye prezidenty,

YA proshu vas ot imeni nemetskikh narodov

proverit' dokumenty, dostupnyye vam.

POZHALUYSTA, OSVOBODITE NEMETSKIYE LYEDEY!

Iskrenne.

Roy Publicae

Roy Publicae

Street, house number

Zip code place name

GERMANY

To the President of the United States Donald John Trump

To the President of Russia Vladimir Vladimirovich Putin

To the Prime Minister of the United Kingdom Boris Johnson

To the French President Emmanuel Macron

June, 2020

Dear Presidents,

I ask you on behalf of the German peoples

to review the documents available to you.

PLEASE LIBERATE THE GERMAN PEOPLE!

Sincerely.

Roy Publicae

Roy Publicae

Numéro de rue / maison

Nom de lieu du code postal

ALLEMAGNE

Au président des États-Unis, Donald John Trump

Au président de la Russie Vladimir Vladimirovitch Poutine

Au Premier ministre du Royaume-Uni Boris Johnson

Au président français Emmanuel Macron

juin 2020

Chers Présidents,

Je vous demande, au nom des peuples allemands,

de vérifier les documents à votre disposition.

VEUILLEZ LIBÉRER LE PEUPLE ALLEMAND!

Cordialement.

Roy Publicae

----

3. Schreiben an den Premierminister des Vereinigten Königreichs Boris Johnson[3]:

Roy Publicae

Straße Hausnummer

Postleitzahl Ortsname

DEUTSCHLAND

An den Präsidenten der Vereinigten Staaten Donald John Trump

An den Präsidenten Russlands Wladimir Wladimirowitsch Putin

An den Premierminister des Vereinigten Königreichs Boris Johnson

An den französischen Staatspräsidenten Emmanuel Macron

---

[3] Per E-Mail

Juni 2020

Sehr geehrte Präsidenten,

ich bitte Sie im Namen der deutschen Völker

um die Überprüfung der Ihnen vorliegenden Unterlagen.

BITTE BEFREIEN SIE DIE DEUTSCHEN VÖLKER!

Hochachtungsvoll.

Roy Publicae

Roy Publicae

Street, house number

Zip code place name

GERMANY

To the President of the United States Donald John Trump

To the President of Russia Vladimir Vladimirovich Putin

To the Prime Minister of the United Kingdom Boris Johnson

To the French President Emmanuel Macron

June, 2020

Dear Presidents,

I ask you on behalf of the German peoples

to review the documents available to you.

PLEASE LIBERATE THE GERMAN PEOPLE!

Sincerely.

Roy Publicae

Рой Publicae

Улица, номер дома

Почтовый индекс

ГЕРМАНИЯ

Президенту США Дональду Джону Трампу

Президенту России Владимиру Владимировичу Путину

Премьер-министру Великобритании Борису Джонсону

Президенту Франции Эммануилу Макрону

июня 2020 г.

Уважаемые президенты,

Я прошу вас от имени немецких народов

проверить документы, доступные вам.

ПОЖАЛУЙСТА, ОСВОБОДИТЕ НЕМЕЦКИХ ЛЮДЕЙ!

Искренне.

Рой Publicae

Roy Publicae

Ulitsa, nomer doma

Pochtovyy indeks

GERMANIYA

Prezidentu SSHA Donal'du Dzhonu Trampu

Prezidentu Rossii Vladimiru Vladimirovichu Putinu

Prem'yer-ministru Velikobritanii Borisu Dzhonsonu

Prezidentu Frantsii Emmanuilu Makronu

iyunya 2020 g.

Uvazhayemyye prezidenty,

YA proshu vas ot imeni nemetskikh narodov

proverit' dokumenty, dostupnyye vam.

POZHALUYSTA, OSVOBODITE NEMETSKIYE LYEDEY!

Iskrenne.

Roy Publicae

Roy Publicae

Street, house number

Zip code place name

GERMANY

To the President of the United States Donald John Trump

To the President of Russia Vladimir Vladimirovich Putin

To the Prime Minister of the United Kingdom Boris Johnson

To the French President Emmanuel Macron

June, 2020

Dear Presidents,

I ask you on behalf of the German peoples

to review the documents available to you.

PLEASE LIBERATE THE GERMAN PEOPLE!

Sincerely.

Roy Publicae

Roy Publicae

Numéro de rue / maison

Nom de lieu du code postal

ALLEMAGNE

Au président des États-Unis, Donald John Trump

Au président de la Russie Vladimir Vladimirovitch Poutine

Au Premier ministre du Royaume-Uni Boris Johnson

Au président français Emmanuel Macron

juin 2020

Chers Présidents,

Je vous demande, au nom des peuples allemands,

de vérifier les documents à votre disposition.

VEUILLEZ LIBÉRER LE PEUPLE ALLEMAND!

Cordialement.

Roy Publicae

----

4. Schreiben an den französischen Staatspräsidenten Emmanuel Macron[4]:

Roy Publicae

Straße Hausnummer

Postleitzahl Ortsname

DEUTSCHLAND

An den Präsidenten der Vereinigten Staaten Donald John Trump

An den Präsidenten Russlands Wladimir Wladimirowitsch Putin

An den Premierminister des Vereinigten Königreichs Boris Johnson

An den französischen Staatspräsidenten Emmanuel Macron

[4] Per E-Mail

Juni 2020

Sehr geehrte Präsidenten,

ich bitte Sie im Namen der deutschen Völker

um die Überprüfung der Ihnen vorliegenden Unterlagen.

BITTE BEFREIEN SIE DIE DEUTSCHEN VÖLKER!

Hochachtungsvoll.

Roy Publicae

Roy Publicae

Street, house number

Zip code place name

GERMANY

To the President of the United States Donald John Trump

To the President of Russia Vladimir Vladimirovich Putin

To the Prime Minister of the United Kingdom Boris Johnson

To the French President Emmanuel Macron

June, 2020

Dear Presidents,

I ask you on behalf of the German peoples

to review the documents available to you.

PLEASE LIBERATE THE GERMAN PEOPLE!

Sincerely.

Roy Publicae

Рой Publicae

Улица, номер дома

Почтовый индекс

ГЕРМАНИЯ

Президенту США Дональду Джону Трампу

Президенту России Владимиру Владимировичу Путину

Премьер-министру Великобритании Борису Джонсону

Президенту Франции Эммануилу Макрону

июня 2020 г.

Уважаемые президенты,

Я прошу вас от имени немецких народов

проверить документы, доступные вам.

ПОЖАЛУЙСТА, ОСВОБОДИТЕ НЕМЕЦКИХ ЛЮДЕЙ!

Искренне.

Рой Publicae

Roy Publicae

Ulitsa, nomer doma

Pochtovyy indeks

GERMANIYA

Prezidentu SSHA Donal'du Dzhonu Trampu

Prezidentu Rossii Vladimiru Vladimirovichu Putinu

Prem'yer-ministru Velikobritanii Borisu Dzhonsonu

Prezidentu Frantsii Emmanuilu Makronu

iyunya 2020 g.

Uvazhayemyye prezidenty,

YA proshu vas ot imeni nemetskikh narodov

proverit' dokumenty, dostupnyye vam.

POZHALUYSTA, OSVOBODITE NEMETSKIYE LYEDEY!

Iskrenne.

Roy Publicae

Roy Publicae

Street, house number

Zip code place name

GERMANY

To the President of the United States Donald John Trump

To the President of Russia Vladimir Vladimirovich Putin

To the Prime Minister of the United Kingdom Boris Johnson

To the French President Emmanuel Macron

June, 2020

Dear Presidents,

I ask you on behalf of the German peoples

to review the documents available to you.

PLEASE LIBERATE THE GERMAN PEOPLE!

Sincerely.

Roy Publicae

Roy Publicae

Numéro de rue / maison

Nom de lieu du code postal

ALLEMAGNE

Au président des États-Unis, Donald John Trump

Au président de la Russie Vladimir Vladimirovitch Poutine

Au Premier ministre du Royaume-Uni Boris Johnson

Au président français Emmanuel Macron

juin 2020

Chers Présidents,

Je vous demande, au nom des peuples allemands,

de vérifier les documents à votre disposition.

VEUILLEZ LIBÉRER LE PEUPLE ALLEMAND!

Cordialement.

Roy Publicae

----

5. Schreiben an das Weiße Haus[5]:

Roy Publicae

Street, house number

Zip code place name

GERMANY

Weißes Haus – The White House

President Donald Trump

1600 Pennsylvania Avenue

Washington, D. C. 20500

United States of America

USA

---

[5] Handschriftlicher Brief per Einschreiben (Empfangsland US); Sehr geehrte Kundin, sehr geehrter Kunde, Sie haben Sie beauftragt, Sie per E-Mail über den aktuellen Status Ihrer Sendung zu informieren. Folgende Information zu Ihrer Sendung liegt uns nun vor: Die Sendung wurde im internationalen Logistikzentrum zur Weiterbeförderung in das Zielland Vereinigte Staaten übergeben. Die Sendungsverfolgung des Bestimmungslandes bietet keine Datenverknüpfung zur Sendungsverfolgung an. Weitere Informationen stellt das Unternehmen des Ziellandes auf der eigenen Homepage zur Verfügung. Mit freundlichen Grüßen Ihr Kundenservice Sendungsverfolgung. Sehr geehrte Kundin, sehr geehrter Kunde, Sie haben uns beauftragt, Sie per E-Mail über den aktuellen Status Ihrer Sendung zu informieren Folgende Information zu Ihrer Sendung liegt uns nun vor: Die Sendung wurde im Zielland Vereinigte Staaten erfasst. Weitere Informationen stellt auch das Postunternehmen des Ziellandes auf der eigenen Homepage zur Verfügung. Mit freundlichen Grüßen Ihr Kundenservice. Sehr geehrte Kundin, sehr geehrter Kunde, Sie haben uns beauftragt, Sie per E-Mail über den aktuellen Status Ihrer Sendung zu informieren. Folgende Information zu Ihrer Sendung liegt uns nun vor: Die Sendung wurde im Zielland Vereinigte Staaten zum Briefzentrum des Bestimmungsortes weitergeleitet. Mit freundlichen Grüßen Ihr Kundenservice. Sehr geehrte Kundin, sehr geehrter Kunde, Sie haben uns beauftragt, Sie per E-Mail über den aktuellen Status Ihrer Sendung zu informieren. Folgende Information zu Ihrer Sendung liegt uns nun vor: Die Sendung hat im Zielland Vereinigte Staaten den Bereich der Zustellung erreicht. Mit freundlichen Grüßen Ihr Kundenservice. Sehr geehrte Kundin, sehr geehrter Kunde, Sie haben uns beauftragt, Sie per E-Mail über den aktuellen Status Ihrer Sendung zu informieren. Folgende Information zu Ihrer Sendung liegt uns nun vor: Die Sendung wurde zugestellt. Ihr Auftrag zur Überwachung des Sendungsstatus endet mit dieser E-Mail. Mit freundlichen Grüßen Ihr Kundenservice

To the President of the United States Donald John Trump:

June, 2020

Dear Mr. President,

I ask you on behalf of the German peoples

to review the documents available to you.

PLEASE LIBERATE THE GERMAN PEOPLE!

Sincerely.

Roy Publicae

6. Schreiben an den Kreml[6]:

Рой Publicae

Улица, номер дома

Почтовый индекс

ГЕРМАНИЯ

Moskauer Kreml - Московский Кремль

Präsident Wladimir Putin - Президент Владимир Путин

QJ 28 + RX Zentrale Verwaltungsbehörde –

QJ 28 + RX Центральный административный орган

Moskau, 103073 - Москва, 103073

RUSSLAND - Россия

---

[6] Handschriftlicher Brief per Einschreiben (Empfangsland RU); Sehr geehrte Kundin, sehr geehrter Kunde, Sie haben Sie beauftragt, Sie per E-Mail über den aktuellen Status Ihrer Sendung zu informieren. Folgende Information zu Ihrer Sendung liegt uns nun vor: Die Sendung wurde im internationalen Logistikzentrum zur Weiterbeförderung in das Zielland Russland übergeben. Die Sendungsverfolgung des Bestimmungslandes bietet keine Datenverknüpfung zur Sendungsverfolgung an. Weitere Informationen stellt das Unternehmen des Ziellandes auf der eigenen Homepage zur Verfügung. Mit freundlichen Grüßen Ihr Kundenservice Sendungsverfolgung. Sehr geehrte Kundin, sehr geehrter Kunde, Sie haben uns beauftragt, Sie per E-Mail über den aktuellen Status Ihrer Sendung zu informieren Folgende Information zu Ihrer Sendung liegt uns nun vor: Die Sendung wurde im Zielland Russland erfasst. Weitere Informationen stellt auch das Postunternehmen des Ziellandes auf der eigenen Homepage zur Verfügung. Mit freundlichen Grüßen Ihr Kundenservice. Sehr geehrte Kundin, sehr geehrter Kunde, Sie haben uns beauftragt, Sie per E-Mail über den aktuellen Status Ihrer Sendung zu informieren. Folgende Information zu Ihrer Sendung liegt uns nun vor: Die Sendung wurde im Zielland Russland zum Briefzentrum des Bestimmungsortes weitergeleitet. Mit freundlichen Grüßen Ihr Kundenservice. Sehr geehrte Kundin, sehr geehrter Kunde, Sie haben uns beauftragt, Sie per E-Mail über den aktuellen Status Ihrer Sendung zu informieren. Folgende Information zu Ihrer Sendung liegt uns nun vor: Die Sendung hat im Zielland Russland den Bereich der Zustellung erreicht. Mit freundlichen Grüßen Ihr Kundenservice. Sehr geehrte Kundin, sehr geehrter Kunde, Sie haben uns beauftragt, Sie per E-Mail über den aktuellen Status Ihrer Sendung zu informieren. Folgende Information zu Ihrer Sendung liegt uns nun vor: Die Sendung wurde zugestellt. Ihr Auftrag zur Überwachung des Sendungsstatus endet mit dieser E-Mail. Mit freundlichen Grüßen Ihr Kundenservice

Президенту России Владимиру Владимировичу Путину:

июня 2020 г.

Уважаемые президент,

Я прошу вас от имени немецких народов

проверить документы, доступные вам.

ПОЖАЛУЙСТА, ОСВОБОДИТЕ НЕМЕЦКИХ ЛЮДЕЙ!

Искренне.

Рой Publicae

7. Schreiben an 10, Downing Street[7]:

Roy Publicae

Street, house number

Zip code place name

GERMANY

10, Downing Street

Prime Minister Boris Johnson

Westminster, London SW 1A 2AA

Vereinigtes Königreich

UNITED KINGDOM

---

[7] Handschriftlicher Brief per Einschreiben (Empfangsland GB); Sehr geehrte Kundin, sehr geehrter Kunde, Sie haben Sie beauftragt, Sie per E-Mail über den aktuellen Status Ihrer Sendung zu informieren. Folgende Information zu Ihrer Sendung liegt uns nun vor: Die Sendung wurde im internationalen Logistikzentrum zur Weiterbeförderung in das Zielland Großbritannien übergeben. Die Sendungsverfolgung des Bestimmungslandes bietet keine Datenverknüpfung zur Sendungsverfolgung an. Weitere Informationen stellt das Unternehmen des Ziellandes auf der eigenen Homepage zur Verfügung. Mit freundlichen Grüßen Ihr Kundenservice. Sehr geehrte Kundin, sehr geehrter Kunde, Sie haben uns beauftragt, Sie per E-Mail über den aktuellen Status Ihrer Sendung zu informieren Folgende Information zu Ihrer Sendung liegt uns nun vor: Die Sendung wurde im Zielland Großbritannien erfasst. Weitere Informationen stellt auch das Postunternehmen des Ziellandes auf der eigenen Homepage zur Verfügung. Mit freundlichen Grüßen Ihr Kundenservice. Sehr geehrte Kundin, sehr geehrter Kunde, Sie haben uns beauftragt, Sie per E-Mail über den aktuellen Status Ihrer Sendung zu informieren. Folgende Information zu Ihrer Sendung liegt uns nun vor: Die Sendung wurde im Zielland Großbritannien zum Briefzentrum des Bestimmungsortes weitergeleitet. Mit freundlichen Grüßen Ihr Kundenservice. Sehr geehrte Kundin, sehr geehrter Kunde, Sie haben uns beauftragt, Sie per E-Mail über den aktuellen Status Ihrer Sendung zu informieren. Folgende Information zu Ihrer Sendung liegt uns nun vor: Die Sendung hat im Zielland Großbritannien den Bereich der Zustellung erreicht. Mit freundlichen Grüßen Ihr Kundenservice. Sehr geehrte Kundin, sehr geehrter Kunde, Sie haben uns beauftragt, Sie per E-Mail über den aktuellen Status Ihrer Sendung zu informieren. Folgende Information zu Ihrer Sendung liegt uns nun vor: Die Sendung wurde zugestellt. Ihr Auftrag zur Überwachung des Sendungsstatus endet mit dieser E-Mail. Mit freundlichen Grüßen Ihr Kundenservice

<u>To the Prime Minister of the United Kingdom Boris Johnson:</u>

June, 2020

Dear Mr. President,

I ask you on behalf of the German peoples

to review the documents available to you.

PLEASE LIBERATE THE GERMAN PEOPLE!

Sincerely.

Roy Publicae

8. Schreiben an den Palais de l´Elysée[8]:

Roy Publicae

Numéro de rue / maison

Nom de lieu du code postal

ALLEMAGNE

Palais de l´Elysée

Président Emmanuel Macron

55 rue du Faubourg Saint Honoré

75008 Paris

Frankreich / FRANCE

---

[8] Handschriftlicher Brief per Einschreiben (Empfangsland FR); Sehr geehrte Kundin, sehr geehrter Kunde, Sie haben Sie beauftragt, Sie per E-Mail über den aktuellen Status Ihrer Sendung zu informieren. Folgende Information zu Ihrer Sendung liegt uns nun vor: Die Sendung wurde im internationalen Logistikzentrum zur Weiterbeförderung in das Zielland Frankreich übergeben. Die Sendungsverfolgung des Bestimmungslandes bietet keine Datenverknüpfung zur Sendungsverfolgung an. Weitere Informationen stellt das Unternehmen des Ziellandes auf der eigenen Homepage zur Verfügung. Mit freundlichen Grüßen Ihr Kundenservice. Sehr geehrte Kundin, sehr geehrter Kunde, Sie haben uns beauftragt, Sie per E-Mail über den aktuellen Status Ihrer Sendung zu informieren Folgende Information zu Ihrer Sendung liegt uns nun vor: Die Sendung wurde im Zielland Frankreich erfasst. Weitere Informationen stellt auch das Postunternehmen des Ziellandes auf der eigenen Homepage zur Verfügung. Mit freundlichen Grüßen Ihr Kundenservice. Sehr geehrte Kundin, sehr geehrter Kunde, Sie haben uns beauftragt, Sie per E-Mail über den aktuellen Status Ihrer Sendung zu informieren. Folgende Information zu Ihrer Sendung liegt uns nun vor: Die Sendung wurde im Zielland Frankreich zum Briefzentrum des Bestimmungsortes weitergeleitet. Mit freundlichen Grüßen Ihr Kundenservice. Sehr geehrte Kundin, sehr geehrter Kunde, Sie haben uns beauftragt, Sie per E-Mail über den aktuellen Status Ihrer Sendung zu informieren. Folgende Information zu Ihrer Sendung liegt uns nun vor: Die Sendung hat im Zielland Frankreich den Bereich der Zustellung erreicht. Mit freundlichen Grüßen Ihr Kundenservice. Sehr geehrte Kundin, sehr geehrter Kunde, Sie haben uns beauftragt, Sie per E-Mail über den aktuellen Status Ihrer Sendung zu informieren. Folgende Information zu Ihrer Sendung liegt uns nun vor: Die Sendung wurde zugestellt. Ihr Auftrag zur Überwachung des Sendungsstatus endet mit dieser E-Mail. Mit freundlichen Grüßen Ihr Kundenservice

Au président français Emmanuel Macron:

juin 2020

Chers Présidents,

Je vous demande, au nom des peuples allemands,

de vérifier les documents à votre disposition.

VEUILLEZ LIBÉRER LE PEUPLE ALLEMAND!

Cordialement.

Roy Publicae

Printed by Books on Demand GmbH, Norderstedt / Germany